Pierre Léoutre

Le passage au temps de l'Autre

À la musique, qui a permis ce travail de mémoire en hommage aux musiciens juifs victimes de la barbarie nazie.

Avec mes vifs remerciements à mon amie Monique Lise Cohen pour sa relecture attentive et amicale, à Antoine Cathalau qui a aussi relu utilement ce livre, et à Ève Line Blum pour son aide documentaire essentielle.

Le titre de ce livre « Le Passage au temps de l'autre » est une expression tirée du livre d'Emmanuel Lévinas, « Le Temps et l'Autre » (1947).

Le passage au temps de l'Autre

Témoigner pour transmettre, encore et toujours, ce que fut la destruction des Juifs d'Europe par les nazis.

Décrire l'innommable parce qu'il s'est produit, et que, si le temps devait en estomper la mémoire, c'est non seulement le souvenir des personnes assassinées que l'on tuerait à nouveau, mais aussi le risque de revoir émerger de telles abominations qui s'activerait.

Le texte qui nous est offert ici par Pierre Léoutre doit contribuer à l'impérieuse obligation du « *Zakhor* », du Devoir de Mémoire.

Il le fait de façon originale, presque déroutante.

Le Beau ne serait donc pas forcément au service du Bien, la musique, dans ce qu'elle a de sublime, aurait donc été instrumentalisée par ces grands pervers de concentrationnaires, imposant à leurs victimes l'illustration musicale de leur martyre.

Le Beau sert aussi à leurrer. Les mises en scène du site de Terezin sont maintenant bien connues, destinées selon les jours à tourner des films de propagande ou à tromper les émissaires de la Croix Rouge.

À l'inverse de Socrate, nous apprenant la prudence en cachant l'expression du Beau derrière le masque du « silène », les nazis utilisaient le Beau pour masquer l'inimaginable.

La portée de cela est immense et pourrait aider à vacciner contre les mirages de la réclame publicitaire, des discours flatteurs et putassiers qui vous ruineraient avec un grand sourire, celui des gardiens du *lager* menant leurs victimes à la chambre à gaz en leur promettant une douche chaude.

Derrière ce texte où une rêverie sentimentale permet d'introduire l'Histoire, nous sommes invités par une robuste description historique à devenir de plus en plus vigilants pour que le Beau ne trahisse plus le Bien.

Jean-François Hurstel

Le passage au temps de l'Autre

L'amour est-il plus fort que la mort ? Qu'est-ce qui se joue, se brise ou résiste et se prolonge par-delà ?

«... car l'amour est fort comme la mort » (verset du Cantique des Cantiques, VIII, 6). Je marchais d'un pas léger, mes sandales à lanières crissaient sur le gravier de l'allée du cimetière de Lectoure. Simon aimait mes pieds, moi, pas tellement, je les trouvais un peu trop forts, comme mes mains. Mais il aimait mes genoux, ma nuque, il aimait tout de moi, chez moi. Il me manquait beaucoup et pourtant je n'arrivais pas à être absolument triste sans lui, je l'entendais encore rire et me dire qu'il me trouvait belle, il croyait à l'amour éternel et puis il est mort, chant du cygne, au terme du voyage que nous avions réalisé ensemble dans toute l'Europe, à la recherche des musiciens juifs que les nazis avaient obligés à jouer dans les camps de concentration ; des musiciens ont composé des partitions jusqu'au dernier jour, comme dans un ultime souffle de vie qui dévide sa portée de notes.

Le passage au temps de l'Autre

Simon ne s'est pas suicidé, comme Primo Levi qu'il aimait tant, simplement il est mort brusquement, plus précisément un matin il ne s'est pas réveillé, me laissant seule avec notre petite fille, comme si nous avions été rattrapés par la dimension tragique de l'histoire terrible que nous avions entrepris ensemble de découvrir, d'étudier et de raconter, cruelle correspondance/danse avec la mort.

Un jour, Simon m'avait expliqué que la pensée grecque de l'amour et de la mort est étrangère au Judaïsme ; à ce sujet, il me citait Emmanuel Lévinas : l'Amour est un passage au temps de l'autre, la mort, l'ouverture sur le Tout-Autre. Les Grecs ignorent l'altérité ; et l'aboutissement de cette pensée se trouve chez Heidegger, qui fut adhérent du parti nazi : finitude humaine et être-pour-la-mort. En effet si la caresse est consolation, l'amour n'est jamais fusion. Brasier, fusion, où l'on se consume et où il n'y aurait plus ce « passage au temps de l'autre » dont parle Lévinas. Lévinas qui écrit, à propos de la relation entre l'homme et la femme, dans « Le temps et l'autre »,

Le passage au temps de l'Autre

d'une mise en relation avec ce qui se dérobe à jamais.

Notre histoire à nous avait débuté quatre ans plus tôt, à l'issue d'un concert de l'Harmonie Lectouroise, un orchestre dans lequel je joue de la flûte traversière. Simon et moi avions commencé à discuter presque par hasard, en prenant un verre à la buvette ; c'était la première fois que je le remarquais ; il est vrai que lorsque je joue, je suis particulièrement concentrée et je ne fais pas attention au public, même si je suis heureuse que beaucoup de spectateurs assistent à nos représentations musicales. En fait, c'était la troisième fois qu'il venait nous écouter ; je m'étais rapprochée de lui car je trouvais qu'il avait l'air sympathique et je voulais lui proposer de travailler comme bénévole dans notre association. Il me précisa d'emblée, sur un ton sincèrement désolé, qu'il n'était pas musicien et que par conséquent il ne voyait pas très bien ce qu'il pourrait apporter à notre Harmonie. Je le rassurai immédiatement en lui disant que nous avions aussi besoin de gars costauds pour diverses tâches logistiques ; je sentis à une ombre dans son regard qu'il était un peu surpris par ma réponse pragmatique mais accepta presque aussitôt ma proposition d'embauche de non musicien. Voilà. Ce fut aussi simple que cela. Peut-être que je n'aurais jamais dû lui suggérer d'entrer dans notre groupe, peut-être qu'il n'aurait jamais dû accepter sans réfléchir ce que lui demandait la jolie femme musicienne qui l'avait charmé puis séduit ; quoi qu'il en soit, il était trop tard pour reculer, nous étions tous deux des gens de parole et nous avions scellé par ces quelques mots notre engagement réciproque. Sans imaginer que cette conversation presque banale allait avoir des conséquences infinies ou presque. Jusqu'à la mort de Simon.

Au début, il me faisait rire et en même temps il m'intriguait, par son côté involontairement mystérieux, avec cette pointe de mélancolie qui ne le quittait jamais. Comme toute femme qui devenait amoureuse, je m'aperçus peu à peu que je ne pouvais plus me passer de lui. Comme il était timide et réservé, malgré l'assurance de son comportement, ce fut moi qui, un jour,

Le passage au temps de l'Autre

fis le premier pas. En devenant amants, nous avons eu la confirmation que nous nous aimions véritablement. Et nous ne nous sommes plus jamais quittés. Deux ans après notre première nuit d'amour, je suis tombée enceinte. Puis notre fille est née, prolongeant par sa présence joyeuse nos sentiments profonds.

Outre notre vie commune qui était simple mais heureuse, et la naissance de notre enfant, notre histoire d'amour a continué sous les auspices de la musique. Simon était devenu un membre actif de l'Harmonie lectouroise, il était présent à tous nos concerts et lorsque je jouais, je savais qu'il était là et qu'il me regardait.

Un soir, alors que notre fille dormait et que nous profitions tous deux du calme du début de la nuit, je parlai à Simon d'un mémoire historique que j'avais rédigé lors de mes études universitaires à Lyon – la ville où Jean Moulin fut torturé par Klaus Barbie - ; ce travail, que j'avais intitulé « La musique sous le troisième Reich – Un art au service d'une politique » (soit le récit de l'usurpation jusqu'à la manipulation de

Wagner) reflétait mon interrogation de musicienne sur la façon dont mon art privilégié avait pu être utilisé par les brutes nazies pendant la Shoah, comme si rien, absolument rien, n'avait dû être épargné à leurs victimes. Car les assassins, qui hélas aimaient bien la musique, ont mis en place dans leurs camps nazis esclavage et mise à mort.

À ma grande surprise, Simon se montra absolument passionné par cette évocation de ma recherche universitaire et exigea, lui qui était d'ordinaire si doux et patient, de lire immédiatement mon texte. Pour lui faire plaisir, je partis immédiatement fouiller mes vieux cartons de jeune fille, soigneusement rangés dans le grenier de notre demeure ; après presque une heure de recherches poussiéreuses, je pus avec un sentiment de victoire exhiber à Simon ce fameux mémoire, qu'il entreprit immédiatement de lire avec une émotion non dissimulée.

En posant le document sur ses genoux, il me regarda tendrement puis, curieusement, me dit :

Le passage au temps de l'Autre

- « Sans musique la vie serait une erreur ». C'est une phrase de Friedrich Nietzsche dans *Crépuscule des idoles*.
- Comment peux-tu citer un philosophe allemand après avoir lu mon mémoire ? M'étonnai-je.
- Tous les Allemands ne furent pas des salauds et Nietzsche est un philosophe immense, que j'apprécie beaucoup, un parmi d'autres, bien entendu. En outre, ce philosophe aimait profondément les Juifs et il en parle très positivement plusieurs fois dans son œuvre. Nietzsche comme Liszt sont opposés à Wagner. Et puis, justement, comment ce peuple qui a produit tant de philosophes, de poètes et de musiciens a-t-il pu basculer en quelques années dans la barbarie absolue ? Voilà une interrogation universelle et éternelle pour le genre humain : nous savons maintenant qu'une telle catastrophe est possible. Que la haine peut aller jusqu'à asservir la musique et vouloir miner puis exterminer l'humanité.

Simon disait vrai : dans les camps de concentration nazis, des orchestres avaient le droit de jouer ou de composer de la musique... Tel était le sujet principal de mon travail universitaire.

En général, la musique a d'abord servi le religieux puis régulé l'ordre social ; les stances guerrières ne manquent pas. Accréditant la thèse d'Éphore pour qui la musique « a été faite pour charmer et ensorceler », les pouvoirs, y compris l'église, ont cherché à contrôler l'usage de cet art.

Et existe-t-il une thèse juive sur la musique ? *L'Encyclopaedia Universalis* me souffle que « l'héritage musical du peuple d'Israël est caractérisé par trois mille ans d'histoire et par l'impressionnante variété de ses constituants. De nombreuses cultures musicales sont à l'arrière-plan de son évolution : celles des civilisations antiques et helléniques à l'époque des patriarches et des Temples, et celles de tous les pays de la Diaspora pendant environ deux mille ans de dispersion. Des musiques différentes l'une de l'autre, savantes et populaires, patrimoine des communautés d'Orient et d'Occident, se côtoient aujourd'hui dans l'Israël moderne, auxquelles il faut ajouter la nouvelle musique israélienne à la fois artistique et populaire. Devant cette

Le passage au temps de l'Autre

pluralité, une question de principe s'impose : est-il possible de trouver un dénominateur commun à ces éléments apparemment disparates permettant de les réunir sous un même toit ? »

Dans un premier temps j'avais étudié pour quelles raisons et par quels moyens le pouvoir nazi avait pris le contrôle de la vie artistique de l'Allemagne, en particulier dans le domaine musical ; le récit de l'aliénation de la nation et de ses grands chefs au pouvoir.

Puis je m'étais intéressée plus précisément au rôle qui avait été assigné à la musique dans la machine concentrationnaire par ce même système politique et aux motivations de cette présence dans de tels lieux ; car il est décidément étrange de vouloir adoucir les mœurs au pays du meurtre ritualisé.

Je me suis aussi demandé si la place occupée par la musique dans les camps a été seulement celle qui était prévue et si cette présence a pu avoir un impact différent de celle préméditée par les nazis.

L'art au service d'un ordre social... D'après Platon, « la musique, cette ouvrière d'harmonie », après les abeilles et leur chant, nous a été donnée « comme alliée de notre âme lorsque celle-ci entreprend de ramener à l'ordre et à l'unisson ce qu'il y a en nous de mouvements déréglés et violents, tout ce qui erre loin du droit chemin et de la grâce » ; mais aussi calmer et assagir, domestiquer et coordonner. Cette vision de la musique est extrêmement intéressante ; elle semble peu rigoureuse en introduisant les notions subjectives du bien et du mal mais c'est justement en cela qu'elle soulève des points essentiels.

Encore une référence à la pensée grecque... J'ouvris à nouveau *l'Encyclopaedia Universalis* et je lus : « Déjà vers la fin de l'époque du premier Temple, la musique occupe une place de choix dans le culte [juif]. Du temps du roi David, on comptait quatre mille lévites sachant chanter et jouer d'instruments ; au retour de l'exil, avec Esdras, il y avait trois cent vingt-huit musiciens. Les musiciens du Temple appartenaient à des familles de la tribu de Lévi et étaient organisés en vingt-quatre ensembles groupant douze musiciens chacun. Leurs fonctions se transmettaient de père en fils, et leur art était jalousement gardé. Vers la fin de l'époque du second Temple, il y avait douze chanteurs et douze instrumentistes (...). Le nombre total d'instruments mentionnés dans la Bible est de seize, y compris « l'orchestre » de Daniel qui comprenait des instruments d'origine hellénique. L'influence hellénique se traduit aussi par l'institution des théâtres et par la participation aux jeux de gymnases. »

Et, hélas, la musique sera un moyen de propagande de *l'ordre* national-socialiste allemand, d'une mise à l'unisson artificielle du peuple allemand en gommant toute différence : tous derrière une bannière, *ein führer, ein lieder ;* dans l'imaginaire teuton, des chants pour conduire au champ du Walhalla. Les nazis ont défini un modèle totalitaire à suivre, même dans le domaine de l'art où les œuvres soi-disant *déréglées*, s'éloignant du *droit chemin* défini par l'ordre nazi, seront interdites ; espace normatif, réservé à une caste.

Si, bien avant que ne soit constituée une doctrine fasciste, des gouvernements très variés ont soutenu et préconisé un art officiel, jamais, avant le Troisième Reich (puis l'Union Soviétique), l'ensemble des arts n'avait été appelé avec autant d'ardeur à illustrer une politique, à être à la fois l'instrument et l'expression du pouvoir politique. Du sculpteur Arno Brecker à la danseuse puis cinéaste Leni Riefenstahl, toutes les disciplines conceptuelles ont été amalgamées, récupérées et malgré ses remords au procès de Nuremberg, Albert Speer sera à jamais l'architecte du plan nazi, tandis que le BauHaus était gommé et obligé d'exiler ses professeurs et ses artistes aux États-Unis. Dans *Mein Kampf,* Hitler esquisse déjà la voie d'une esthétique orientée : il annonce que seront chassées toutes les productions qu'il considère comme un monde en « putréfaction », et qu'elles seront remplacées par un art au service de l'Etat pour la revanche et d'une morale, d'un idéal, d'une idéologie totalisante et intégratrice ; il ordonne les autodafés des auteurs juifs ou non conformes, il détruit et anéantit sous couvert de *Lebensraum,* d'espace vital. L'historien Léon Poliakov, homme de triple culture, russe, allemande et française, qui

Le passage au temps de l'Autre

avait réalisé une « sorte de conversion intellectuelle au judaïsme », a étudié les similitudes entre l'art nazi et l'art stalinien.

En ce qui concerne les nazis, c'est le 15 novembre 1933 qu'est fondée la *Chambre de la culture*, sur la proposition de Joseph Goebbels ; il s'agit bien d'outils de propagande privilégiés, alors qu'il est nommé le 11 mars 1933 au poste créé à son attention de Ministre à la désinformation populaire et à la Propagande, de la fascination et du magnétisme à la manipulation.

Cette Chambre comprenait sept filiales : beaux-arts, musique, théâtre, lettres, presse, radio, cinéma. Toute personne exerçant dans un de ces domaines se voyait dans l'obligation de s'inscrire dans la chambre correspondante pour être sous contrôle.

Cette création illustre la *Chasse à l'art dégénéré*, concept défini en 1937 par Goebbels, qui commença dès l'arrivée au pouvoir d'Hitler.

Sont ainsi écartées toutes les œuvres juives par antisémitisme et bolcheviques sur des critères politiques mais aussi toutes les créations de forme nouvelle, conformité et réécriture de l'histoire. En effet, pour les barbares nazis, l'art moderne et nouveau, trop conceptuel et pas assez massif et fonctionnel, trop fictionnel, est contraire aux principes fondamentaux du nationalisme, conservateur en politique mais aussi en art et qui de ce fait privilégie les formes traditionnelles.

Épuration et propagande musicales : La musique n'a pas échappé à cette censure générale de l'art.

Ainsi, entre 1933 et 1938, la vie musicale allemande perd un grand nombre de ses représentants les plus significatifs : Adorno, Berg, Eisler, Hindemith, Schönberg, Webern et Weill furent frappés par l'épuration nazie à cause de leurs origines juives ou du caractère critique et corrosif de leur musique et furent en général contraints à l'émigration. Weill et Eisler, par exemple, avaient travaillé avec Berthold Brecht et mis respectivement la musique et le théâtre au service de la démystification ; sont fermées les portes à ceux qui voulaient ouvrir les fenêtres.

Le passage au temps de l'Autre

Comme justement le système nazi faisait de ce concept de mystification (et aussi hystérique) un de ses moyens de propagande, leur musique se révélait être un instrument de conscience politique et fut interdite.

Les Juifs furent écartés de la vie musicale allemande, mais toute musique étrangère fut aussi bannie en particulier la musique « rouge », Stravinski en tête de liste, et le jazz, cet art primitif des *nègres* qui appartiennent eux aussi aux races inférieures selon les propos nazis : l'histoire réécrite des *untermenschen,* entre le colonialisme (avec le souvenir de la Namibie où les Allemands furent féroces) et aussi les légendes sur les bataillons noirs français, lors de la réoccupation de la Rhénanie-Palatinat.

Seules furent tolérées les œuvres dégageant clairement les valeurs morales exaltées par les nazis : patriotisme, héroïsme, fierté, obéissance, don de soi ; amour des masses, du travail et même adulation du chef et de la guerre.

Furent ainsi mis sur le devant de la scène musicale les compositeurs romantiques allemands du siècle précédent tels que Wagner, Brahms et Schubert. Brahms et Schubert... Sont-ils au service de ces préférences nazies ? Et la musique de Richard Strauss peut-elle être considérée comme une musique nazie ? C'est là qu'il est possible de mesurer le caractère ignoble de la récupération totalitaire de l'art, lorsque cette politique devient négation et destruction du genre humain.

Le romantisme allemand, en effet, est un état d'esprit, une mentalité jeune, audacieuse, conquérante mais qui entretient paradoxalement une nostalgie pour le passé et ses modèles ; c'est une tentation, associant plutôt que dissociant, les générations ; et les jeunes sont embrigadés dans des contes de fées et de chevalier du droit.

Ces valeurs sont justement celles que le nazisme veut pousser à l'extrême, exacerber pour que l'homme nouveau remplace dans le culte du souvenir une réalité trop cosmopolite au bénéfice de cette aryanité.

En outre, Richard Wagner, compositeur préféré d'Hitler et véritable figure de proue de la propagande musicale allemande, a fait

Le passage au temps de l'Autre

preuve d'une purification de plus en plus intransigeante dans ses œuvres des éléments étrangers à la tradition allemande et a réussi à plier les moyens musicaux au symbole. Cosima est morte en 1930 et le contact fascinant/fascisant avec l'épouvantail hitlérien est réel. C'est pourquoi il fallut attendre le 7 juillet 2001 pour que Richard Wagner fût joué pour la première fois en Israël. Ayant brisé ce tabou, le pianiste et chef d'orchestre Daniel Barenboïm fit l'objet d'un appel au boycottage, de la part de la commission culturelle de la Knesset, le parlement israélien.

Nationalisme, symbolisme avec vieux fond païen, deux mots qui riment extrêmement bien avec le système nazi.

Même si ce choix du romantisme n'avait pas la finalité suivante, il n'en reste pas moins qu'elle a en quelque sorte détourné et détouré l'attention des Allemands : il ne s'agissait pas d'une censure de la musique visant à marteler les valeurs nazies dans les esprits mais d'une glorification d'œuvres nationales déjà très appréciées.

Le passage au temps de l'Autre

Ainsi, dès 1933, la musique comme tous les arts se doit d'être au service de l'ordre nazi, de la célébration de ses projets et des dignitaires du régime, pourtant pas tous aussi mélomanes.

L'apparente distraction ne doit être qu'une ruse pour faire passer plus facilement l'éducation, l'édification idéologique, la meilleure propagande étant celle qui imprègne la vie de manière presque imperceptible, le fond de l'air du temps, la détente et le sport, les revues et parades.

Elle se démarquera tout de même de tous ces arts puisque, comme chacun sait, elle accompagnait toute parade nazie, sans doute pour la même raison qui fait qu'elle fut, par la volonté des persécuteurs, le seul art que l'on retrouve dans les camps de concentration et d'extermination.

Certes, la musique militaire fait marcher les troupes depuis bien longtemps. Pourtant, la musique dans l'univers concentrationnaire fut une sombre et spécifique réalité... Oui, d'après les persécuteurs nazis, la musique collabora, comme d'autres disciplines artistiques, à l'extermination de milliers de personnes

Le passage au temps de l'Autre

organisée par les Allemands de 1933 à 1945. La musique et les nazis, mais aussi leurs statues ridicules, leurs peintures grotesques, et leur littérature vomitive.

Et dans le même temps, d'autres arts ont été pratiqués en secret par les persécutés, en particulier la poésie, mais aussi la peinture, le dessin, la sculpture, etc. Les persécutés ont pratiqué aussi la musique, par exemple, chez Primo Lévi, le tsigane qui cherchait un violon à Auschwitz.

On peut à juste titre s'étonner de la présence de musique dans les camps de concentration et d'extermination. Et j'ai voulu essayer de comprendre pour quelle raison avaient été constitués par les persécuteurs ces orchestres composés de détenus, et instrumentalisés ces talents musicaux.

Contrairement à ce que l'on aurait pu croire, l'orchestre ne jouait pas des marches funèbres. Et la musique avait aussi un sens pour les persécutés : les Hassidim allaient dans les chambres à gaz en chantant des mélodies hassidiques ; ils chantaient aussi dans les exterminations de masse en Ukraine, en Russie... Les bourreaux

Le passage au temps de l'Autre

n'avaient pas réussi à s'approprier la musique : les bourreaux ne s'approprient jamais rien, et même pas le corps de leurs victimes.

S'ils s'acharnent, c'est parce que tout leur échappe.

Simon Laks, violoniste puis chef d'orchestre du camp de Birkenau-Auschwitz où il fut interné, nous éclaire sur la musique qui était jouée dans les camps : les marches jouées étaient « gaies, expressives, joyeuses, variées, et leur rôle était d'inciter au travail et à la joie de vivre, au nom du slogan du camp : *Arbeit match frei* (Le travail rend libre) ». Les camps, c'est d'abord une activité productiviste pour l'effort de guerre, entre le Service du Travail Obligatoire, les prisonniers et les enfermés, plus l'économie de conquête ; cette machine inhumaine a tourné à plein régime sous Todt puis Speer. Ce slogan « le travail rend libre » était-il également inscrit à l'entrée des camps du STO ? Et quel était le sens nazi de ce slogan ? Pour eux, le pire ennemi était les Juifs ; car les nazis pensent que le monde est le produit de l'effort humain. Alors que les Juifs et les Chrétiens pensent, à l'inverse des nazis, que le monde est créé par Dieu. C'est ce qu'explique le cabaliste Charles Mopsik et que commente Monique Lise Cohen dans son livre *Récit des jours et veille du livre.*

Tout camp possède sa *Lagerkapelle*, orchestre de camp, dont le rôle principal est d'assurer le parfait fonctionnement de la discipline et en particulier d'accompagner le départ au travail et le retour des *Kommandos*. Les rouages sont huilés, tout est mécaniste.

La musique – enfin, une certaine musique – se fait la voix de l'ordre nazi, puis, plus tard, des camps du stalinisme : il ne s'agit plus pour les détenus que d'entendre et d'obéir. Et est-ce que la musique dite « dégénérée », Stravinski par exemple, a été jouée dans les camps ?

Les éléments clefs de l'orchestre sont la grosse caisse et les cymbales, instruments qui martèlent le rythme sur lequel le pas des détenus doit s'accorder et s'accorde presque involontairement.

Primo Levi, pourtant peu coutumier des images, écrit au sujet des concentrationnaires : « Leurs âmes sont mortes et c'est la musique qui les pousse en avant comme le vent les feuilles sèches, et leur tient lieu de volonté. »

Il souligne aussi le plaisir esthétique et sadique éprouvé par les SS devant ces chorégraphies du malheur, devant ce ballet d'humiliés.

La musique était utilisée dans le but d'augmenter l'obéissance des détenus.

Tolstoï a écrit à ce sujet : « Là où on veut le plus d'esclaves, il faut le plus de musique possible. »

Si certains rescapés déclarent que la musique les soutenait et leur donnait la force de résister, d'autres affirment qu'elle produisait l'effet inverse, qu'elle anéantissait ce qu'il restait de dignité humaine. Simon Laks et Primo Levi sont de ceux-là ; le premier a écrit : « La musique précipitait vers la fin. », le deuxième : « Au *Lager* la musique entraînait vers le fond. ». En effet, se plier au son de cette musique signifiait se soumettre à la discipline du camp et renoncer encore plus vite au sentiment d'être, encore et malgré tout, un homme ou une femme libres.

Le passage au temps de l'Autre

Simon Laks admet cependant que pendant les concerts dominicaux qu'il dirigeait, certains détenus prenaient plaisir à les écouter. Oubli, détente, refuge... Mais c'était un « plaisir passif, sans participation, sans réaction ». Que pensait chacun de ces humains ? Ils ne pensaient à rien : la seule pensée dans les camps, réduite à un minimum vital, était celle de la survie.

Cette musique accentuait la passivité des autres détenus. Dans *Si c'est un homme*, il est écrit qu'aucun détenu ordinaire, appartenant à un *Kommando* ordinaire, n'avait pu survivre : « Il ne restait plus que les médecins, les tailleurs, les cordonniers, les musiciens, les cuisiniers, les homosexuels encore jeunes et attirants, les amis ou compatriotes de certaines autorités du camp, plus quelques individus particulièrement impitoyables, vigoureux et inhumains, solidement installés par le commandement SS dans les fonctions de *Kapo, Blockälster* ou autres. »

C'est précisément parce que la musique jouait un rôle malheureux dans les camps que les prisonniers musiciens avaient une chance de survivre.

C'est en quelque sorte l'envers de la médaille de la présence de la musique dans un tel lieu : tu seras sauvé par ce qui te fait te perdre.

En effet les musiciens se retrouvaient dans la catégorie des détenus qui occupaient « une meilleure place » dans la hiérarchie du camp. La musique leur permettait quelquefois de se nourrir et de s'habiller un peu mieux et d'accomplir des tâches un peu moins pénibles.

Simon Laks témoigne ainsi de la situation des musiciennes du camp des femmes de Birkenau : « Elles reçoivent officiellement une double portion de soupe et de suppléments avec leur pain. En dehors de leur activité musicale, elles ne sont chargées d'aucun travail. ».

Les musiciens hommes, eux, travaillent dehors comme n'importe quel autre détenu, seuls leurs horaires sont aménagés pour pouvoir accompagner en musique le départ et l'arrivée des autres *Kommandos*.

Cependant Simon Laks va obtenir l'autorisation de pratiquer deux répétitions par semaine avec son orchestre, répétitions qui ont lieu l'après-midi et qui permettent aux musiciens de souffler un peu. Ce sont de tels avantages qui donnaient aux musiciens une chance de tenir un peu plus longtemps que d'autres.

Il faut souligner un autre point qui nous est dévoilé par Simon Laks : si le but premier de la musique – du moins celle choisie par les assassins – dans le camp est de maintenir l'ordre, elle est aussi un « article de consommation ». Elle est une distraction pour l'aristocratie des camps : SS et « *Prominente* », couche supérieure des détenus qui demandent sans cesse de nouveaux morceaux et louent les services de détenus musiciens pour leurs fêtes.

Les petits cadeaux reçus par les musiciens améliorent quelque peu leur maigre quotidien. Ces petits cadeaux étaient essentiels ; ils ont permis la survie et le témoignage qui nous parvient.

Cette situation de « privilégié » provoquait quelquefois la jalousie des autres détenus ainsi que le montre le témoignage de Romana Duraczowa : « Comme nous haïssons ces musiciennes ! »...

Mais les musiciens, à l'inverse des détenus promulgués au rang de *Kapo* par exemple, n'ont pas à violenter les autres prisonniers pour parvenir et se maintenir à leur situation.

Ils n'ont pas à martyriser d'autres détenus, même si dans le système des camps nazis, tout ce qui se réalise au profit d'une personne se fait au détriment d'une autre.

Simon Laks nous en donne un douloureux exemple : pour remplacer les pupitres de son orchestre pourris par la pluie, le chef du camp décide d'exterminer la communauté tchèque afin de récupérer les pupitres des musiciens de celle-ci.

Telle est la loi des camps, loi qui justement n'en est pas une : il y a « les élus et les damnés » selon l'expression de Primo Levi.

Les musiciens, pour les raisons déjà exprimées, ont quelque chance supplémentaire de faire partie des premiers, de survivre aux camps, mais ils n'en restent pas moins les victimes de la machine exterminatrice nazie.

Par ce travail universitaire, j'ai voulu contribuer à notre devoir de mémoire : la nécessité de se souvenir pour ne pas refaire les mêmes erreurs, pour ne pas retomber dans les mêmes pièges. Nous devons veiller à ce que cette liberté d'expression ne nous soit jamais soustraite.

La musique doit porter en son sein la diversité des conceptions artistiques, diversité qui donne toutes ses couleurs au monde.

Il nous faut empêcher qu'elle ne se fasse la voix d'une seule vision du monde, d'un « modèle » unique.

C'est en cela que nous devons rester vigilants, pour que jamais plus la musique ne soit rendue complice d'un Troisième Reich.

Albert Einstein a aidé plusieurs musiciens juifs à fuir l'Allemagne avant qu'il ne soit trop tard. Il écrivit par exemple au ministre belge de la culture à propos d'un violoniste juif allemand, alors qu'il séjournait sur la côte belge, avant de regagner les États-Unis via l'Angleterre.

Ainsi, le scientifique qui symbolise le mieux l'intelligence humaine avait-il eu l'intuition que la barbarie nazie voulait tout détruire, même ceux dont la douce et presque anodine passion consistait à honorer la musique.

Le passage au temps de l'Autre

Les Allemands étaient très férus de musique classique ; et la musique tenait une place particulièrement importante dans la culture et l'éducation des familles juives, raison pour laquelle il existe tant de solistes mondialement reconnus ; c'est la raison pour laquelle les plus hauts dirigeants nazis avaient décidé qu'un camp de concentration serait exclusivement réservé aux artistes juifs : lorsqu'ils étaient arrêtés, les musiciens étaient envoyés à Terezin, avec leurs familles dans la mesure du possible, pour satisfaire l'oreille musicale de leurs bourreaux. Beaucoup d'œuvres musicales créées pendant leur internement ont pu être récupérées. Des orchestres étaient formés pour donner des concerts quotidiens. Quand des musiciens juifs mouraient de mort naturelle à cause des mauvais traitements ou étaient envoyés à Auschwitz pour être exterminés, d'autres arrivants les remplaçaient. Il n'y eut jamais pénurie de musiciens. En outre, dans tous les camps de concentration, des orchestres jouaient au moment où les prisonniers descendaient des trains, que ce soit à Auschwitz, Maidanek, Treblinka,

Le passage au temps de l'Autre

Buchenwald, etc. L'orchestre jouait également lorsqu'il y avait des pendaisons ou des mises à mort beaucoup plus cruelles. Tous les prisonniers du camp devaient assister à l'exécution, quelle que soit la température extérieure ; là encore, l'orchestre jouait pour accompagner ce moment fatal.

J'expliquai ainsi à Simon, qui m'écoutait attentivement, cette utilisation de la musique dans la cruauté la plus totale, comme si cette instrumentalisation paradoxale voulait repousser les limites de la souffrance infligée aux victimes. Mon amoureux me donna raison puis ajouta :
- Tu sais que dans le livre *Si c'est un homme*, est décrit précisément le mécanisme du nazisme dans l'horreur des camps de concentration.
- Oui, bien sûr. Mais j'ai voulu mettre l'accent sur cette dimension particulière, cette volonté destructrice des persécuteurs que je trouve spécialement immonde et inhumaine. Mais aussi rendre hommage à tous ces artistes juifs, tous ces persécutés : les musiciens internés, par leur jeu musical,

ont réussi à transformer l'intention barbare des persécuteurs.

- Oh, les aspects abjects de la « solution finale » d'extermination des Juifs, ce concept nazi sans aucun fondement scientifique ou valeur historique, ne manquent pas, malheureusement, affirma encore Simon.

- Tout à fait. Mais voilà, moi, je suis musicienne et ce qu'ils ont fait avec la musique pendant ces années me touche encore plus que tout. Je suis heureuse quand je joue de ma flûte, et ma musique veut donner du bonheur aux gens, pas finir de les détruire spirituellement. Voilà, à mon tout petit niveau, et sans autre prétention que mon interrogation de musicienne sur cette utilisation de mon art par les nazis, je m'identifie à ces musiciens juifs qui ont résisté à la barbarie en jouant de la musique. C'est d'ailleurs le titre d'un disque : *Spiritual Resistance,* qui reproduit la musique de Theresienstadt. Deux générations de compositeurs sont représentées dans cet enregistrement musical : ceux qui sont nés après la Première Guerre mondiale, et ceux qui

Le passage au temps de l'Autre

étaient en train de terminer leurs études lorsqu'en 1938, l'Allemagne a envahi leurs terres d'origine des Sudètes.

Theresienstadt, tu ne sais pas de quoi il s'agit ? Et bien, à la fin de 1941, la petite garnison de Terezin, également connue sous le nom de Theresienstadt, a été transformée en un camp pour séquestrer la population juive du pays. Les nazis ont présenté Theresienstadt comme un modèle de « ville des Juifs », un ghetto autonome où était « normale » la vie civique, éducative et culturelle. Telle fut l'image présentée au monde lors d'une inspection publique de six heures par un comité international de la Croix-Rouge en juin 1944. Mais ce que ces inspecteurs ont vu n'était qu'une façade pour le système brutal d'extermination mis en place par les nazis. Ironie absolument atroce, à Theresienstadt a réellement existé une vie culturelle remarquable entre 1942 et 1944, avec des concerts, opéra, théâtre, cabaret, conférences, expositions d'art, et des lectures littéraires. La Croix-Rouge n'a jamais cherché à en voir plus. Beaucoup de gens savaient le mal absolu que les nazis faisaient aux Juifs et ont fait semblant de ne pas savoir, notamment la Croix-Rouge internationale.

Terezin était une forteresse fondée en 1780 par l'empereur d'Autriche Joseph II, et qui porte le nom de sa mère l'impératrice Marie-Thérèse. Elle est, dès son origine, une prison militaire et politique, puis devint une petite ville, Theresienstadt, comptant 3 500 habitants avant 1939.

Mais le malheur ne s'abattit sur cette cité, soigneusement choisie par les nazis comme façade officielle, que quand elle fut transformée en un camp de concentration. L'*Obergruppenführer* Reinhard Heydrich, gauleiter de Bohême Moravie et bras droit de Himmler qui sera assassiné à Prague par des partisans, prit cette décision le 10 octobre 1941, lors d'une réunion à laquelle assistaient Adolf Eichmann et Karl Hermann Franck. Situé au nord de Prague, à soixante kilomètres, le camp fut ouvert le 24 novembre 1941 ; si près des camps d'exterminations polonais, sa situation géographique était idéale.

Un premier transport de Prague y amena des Juifs. Ils furent d'abord placés dans la

Le passage au temps de l'Autre

caserne de la ville car rien n'était prévu. Le 16 février 1942 prit effet le décret faisant de la ville de Terezin un camp juif, un ghetto. Ce ghetto faisait partie de façon mûrement réfléchie du projet de la « solution définitive de la question juive ».

Les habitants tchèques qui vivaient là auparavant eurent près de six mois pour quitter leur ville. Dorénavant, la ville allait accueillir uniquement des juifs de différents pays. Simple étape avant Auschwitz, le camp regroupait la plupart des animateurs, des participants et des spectateurs de l'Union culturelle juive. Médecins, ingénieurs, techniciens, professeurs, volontaires pour la plupart, avaient été recrutés par le président du Conseil des anciens de la communauté juive. Il connaissait l'existence de Dachau et d'Auschwitz, mais il pensait, ainsi qu'on le lui avait laissé entendre, que Terezin pouvait être un lieu où, à défaut de les laisser en paix, les nazis parqueraient les Juifs au lieu de les envoyer à la mort.

Présenté par les nazis comme un camp modèle, Terezin leur servit de paravent lors des visites de la Croix-Rouge, qui pourtant savait et refusait de voir ce qui se passait réellement. Il permit, selon le poète Kurt Tucholsky, qui renia sa patrie allemande, « une culture juive alibi pour le IIIe Reich ».

Le ghetto de Terezin n'est pas, en principe, une station terminale pour les Juifs qui y étaient incarcérés. Bien que cette ville n'ait pas été un camp d'extermination, qu'il ne s'y trouvait ni fours crématoires ni chambres à gaz, 33 430 personnes y ont pourtant trouvé la mort, à la suite des mauvaises conditions hygiéniques, de sous-alimentation, des maladies, des souffrances physiques et psychiques. Ainsi, victime du typhus et épuisé par les privations, le poète Robert Desnos est mort à Terezin, un mois après la libération du camp par les Russes. Les nazis se contentaient de concentrer dans ce ghetto les Juifs, qui y séjournaient un certain temps, pour ensuite continuer la route mortelle vers les camps de Treblinka, Auschwitz, Bergen-Belsen, Riga et tant d'autres... Terezin était dans l'esprit des nazis un centre de triage à partir duquel les Juifs devaient être aiguillés vers différents camps de la mort. Pendant que des convois

Le passage au temps de l'Autre

partaient, d'autres arrivaient. Plus de soixante transports seront expédiés, de Terezin, à destination des camps d'extermination. C'est pourquoi, si l'on n'assassinait pas à Terezin, le camp a pourtant servi d'antichambre de la mort, la destination finale étant généralement Auschwitz, à environ 300 km de là. Terezin était avant tout un camp transitoire. La durée moyenne du séjour était de 5 ou 6 jours, mais y furent emprisonnés des résidents permanents, les culturels.

Les déportés du ghetto venaient principalement de Tchécoslovaquie, d'Allemagne, d'Autriche, du Danemark et de Hollande ainsi que de Slovaquie, et de Hongrie. Beaucoup d'entre eux avaient fait des études supérieures, étaient bien organisés et avaient une expérience de militants sionistes. Regroupés selon leurs centres d'intérêt, ils menaient une intense vie culturelle qui servait de vitrine aux propagandes nazies. Ainsi, artistes, intellectuels, scientifiques, étaient censés mettre leur talent au service de la « cité idéale des Juifs ». On pouvait assister dans le ghetto à diverses manifestations culturelles telles que des conférences, des concerts, des représentations théâtrales, des récitals de musique, des lectures de poésies et de journaux de magazines recopiés à la main. S'y trouvaient également une bibliothèque, un orchestre, et fut même tourné un film cinématographique. Il subsiste aujourd'hui encore des traces de cette vie culturelle : ont été retrouvés partitions de musique (près de vingt opéras ont été composés dans le ghetto), affiches annonçant des représentations théâtrales, poèmes et dessins d'enfants, magazines réalisés par des adolescents. Les poésies des enfants du ghetto de Terezin furent publiées dans un recueil, intitulé : « Je n'ai plus jamais revu de papillon », d'après un poème de Pavel Friedman, écrit le 6 avril 1942 :

« ... Comme si des larmes de soleil voulaient chanter
Sur une pierre blanche...
(...)
Ce papillon-là fut le dernier.
Les papillons ne vivent pas dans le ghetto. »

Le passage au temps de l'Autre

Car la clef morale de ce récit d'hommage au camp de Terezin est bien là : les nazis voulaient en faire une vitrine idéologique et politique, mais les internés trouvèrent la force et le talent d'en faire autre chose ; la création artistique est une forme de résistance spirituelle dont les artistes juifs de Terezin sont un exemple absolu et inoubliable.

Les enfants du ghetto de Terezin doivent garder dans notre mémoire une place considérable en raison de leur production littéraire et artistique. En effet, les enfants, qui écrivaient surtout des vers de poésie, publiaient, en toute illégalité, leurs propres journaux. Le journal *Vedem* (*Nous menons*), est le plus important de tous les journaux conservés ; il fut publié par un groupe de garçons de 13 à 15 ans. Ce journal parut du 18 décembre 1942 à l'automne 1944, et éditait des poésies, des articles en prose, des comptes rendus, des observations, et même des critiques de la réalité quotidienne de Terezin, des traductions littéraires étrangères, surtout russes et soviétiques.

Mais de cette création artistique enfantine, c'est une collection de 5 000 dessins qui est l'héritage le plus connu et le mieux conservé. Ces dessins se divisent en deux groupes distincts. Ce sont d'une part des dessins aux sujets typiques d'enfants, où les petits évoquent leurs souvenirs heureux de leur enfance perdue. Ils dessinent alors des jouets, des assiettes pleines de nourriture, des papillons, des fleurs... Ce type de dessin est la partie la plus importante de la collection. Le second groupe est formé par les dessins qui reflètent la réalité cruelle du camp. Ils figurent les casernes, les baraquements, les rues, les soupentes à trois lits, les gardiens, mais aussi des représentations frappantes comme des malades, des exécutions, des morts, des enterrements... Ces enfants participèrent également au film de propagande nazie, *la nouvelle vie des juifs sous la protection du troisième Reich,* tourné juste après la visite de la Croix-Rouge. Ils chantèrent pendant quelques minutes un opéra pour enfants, *Brundibar* puis, dès que le tournage fut terminé, ils furent tous envoyés à la chambre à gaz à Birkenau.

La réalité des chiffres de Terezin, si elle a un sens dans l'échelle de l'horreur, est la

Le passage au temps de l'Autre

suivante : entre le 24 novembre 1941 et la libération du ghetto le 5 mai 1945, 139 654 personnes ont été incarcérées dans le camp de Terezin. À une heure de route de Prague, pendant son existence de quatre ans, le ghetto de Terezin a accueilli plus de 155 000 Juifs, hommes, femmes et enfants 33 419 prisonniers y sont morts, 86 934 ont été déportés vers les camps d'extermination, notamment vers les chambres à gaz d'Auschwitz, 17 320 prisonniers s'en sortirent vivants ; 1 000 des 15 000 enfants détenus à Terezin, à un moment ou à un autre, survécurent. La ville a été libérée le 8 mai 1945. À leur arrivée, les Soviétiques ont trouvé, dans l'une des cours, 3 000 prisonniers en état de survie ou d'agonie. Sur ces lieux maudits est de nos jours le Musée de Terezin qui permet de revivre l'histoire de l'holocauste. Près de la forteresse, un petit cimetière où les pierres ne portent pas de noms, divisés en deux parties, le côté juif, et l'autre où reposent les prisonniers chrétiens.

Comme l'écrit Gil Pressnitzer, Terezin était en réalité un camp de concentration utilisé pour le transfert des prisonniers : pas trop atroce, pas trop de morts, comparé aux autres, c'était un camp « acceptable ». Pour les nazis, il constitua une tentative de vecteur de propagande, surtout à partir de 1942 lorsqu'ils laissèrent aux prisonniers une certaine liberté, toute relative. Car si Terezin était un ghetto dont il était impossible de sortir, les détenus étaient autorisés à organiser des concerts, des pièces de théâtre ou réciter des poèmes. Malgré des conditions de vie épouvantables, Hitler décida par conséquent d'en faire un ghetto modèle pour tromper l'opinion internationale au cas où elle commencerait à demander des comptes sous l'impulsion de certains pays nordiques. Dans un premier temps, les nazis firent passer la ville pour une station thermale. Malgré ce mensonge, la Croix-Rouge, alertée par des « fuites », voulut inspecter le ghetto. Les nazis ne s'y sont pas opposés et changèrent l'aspect externe du ghetto en prévision de ce contrôle extérieur. Le niveau critique de la surpopulation a été réduit par des déportations massives vers Auschwitz. Une banque, des faux magasins, un café, des jardins pour enfants et des écoles ont été installés. Des bains publics ont été établis, l'ensemble de la ville a été fleuri. À la suite des pressions exercées par le Danemark, Eichmann invita la Croix-Rouge à visiter le camp en juin 1944. Les membres de la délégation internationale furent apparemment bernés ou firent semblant de croire à ce que les nazis leur expliquaient. Lors de leur soi-disant inspection, ils n'ont vu en tout et pour tout qu'une seule salle, qui avait été spécialement aménagée en un salon de coiffure modèle, avec glaces et lavabos individuels. Dès le départ de la délégation, la salle fut fermée pour ne jamais être utilisée. Le subterfuge avait bien fonctionné et la Croix-Rouge était revenue bredouille... Mais si elle avait examiné les robinets, elle aurait remarqué qu'ils n'étaient rattachés à aucune canalisation. Mais est-ce que le reste du monde voulait réellement savoir ce que subissaient les Juifs sous la barbarie nazie ?

- Qui savait, qui ne savait pas ? Se demanda Simon à voix haute. Est-ce que les gens réalisaient vraiment ce que les nazis faisaient subir aux Juifs et à leurs autres victimes ?

Le passage au temps de l'Autre

Les historiens en débattent encore aujourd'hui, mais en d'autres termes.

Intarissable, je continuai mon récit :
- Que représentait la musique dans le ghetto de Terezin ? « La musique ! La musique, c'était la vie ! », a affirmé un survivant. Le travail musical servira de trompe-l'œil dans le camp de Terezin, au sein duquel furent rassemblés de très nombreux artistes juifs. Au début les nazis s'opposaient à toute vie culturelle. Mais malgré les fouilles minutieuses qu'ils effectuaient sur les prisonniers, les nazis ne purent empêcher des musiciens d'introduire des instruments dans le camp de Terezin. C'est ainsi qu'apparurent dans l'enceinte du camp des violoncelles, des violons, des clarinettes, parfois en pièces détachées. À défaut de partitions, des musiciens en recopièrent de mémoire, d'autres passaient leur temps à chanter dans leur tête ce qu'ils ne désiraient pas oublier. Les autres, enfin, écrivaient, dessinaient, composaient. Bientôt, une vie culturelle intense prit son essor au-dessus du quotidien carcéral de Terezin.

Le passage au temps de l'Autre

Les Allemands comprirent rapidement le bénéfice de la propagande qu'ils pouvaient en retirer. Ils organisèrent le « *Freizeitgestaltung* », une sorte d'administration des loisirs qui permettait aux prisonniers de jouer de la musique en ayant accès à des instruments et des partitions. Ils encouragèrent alors toutes les initiatives, laissant des chœurs, des orchestres, se constituer. Dans l'enceinte de Terezin furent organisées des représentations théâtrales, montés des opéras. Un piano fut même apporté ; mais comme il n'avait pas de pieds, il fut posé sur des caisses. Mahler, Schönberg, interdits ailleurs, côtoyèrent ici Bizet, Schubert, Brahms, Zemlinsky, Chopin, Debussy et la musique des compositeurs internés. La musique était pratiquée dans un cadre officiel mais pas uniquement. Les concerts se donnaient sur une plate-forme spécialement aménagée. Les nazis y assistaient. Furent réalisés des représentations d'opéras, de musique de chambre, d'un ensemble de jazz, des spectacles de cabaret et de revue, ou encore un studio de musique nouvelle. Le groupe de jazz *les Ghetto Swingers* anima des soirées mémorables qu'un film immortalisa. Fut donnée pour la Croix-Rouge une belle représentation d'opéra. Des enfants y chantaient, car en cette circonstance ce ne pouvait être qu'un opéra pour enfants. Brundibar, du compositeur Hans Krása (gazé à Auschwitz, le 17 octobre 1944), fut ainsi représenté le 20 août 1944 devant les envoyés du Comité international de la Croix-Rouge admiratifs et aveuglés. Ces jours-là, la Propaganda Staffel tourna un film. Ce sont des gens heureux qui applaudirent à tout rompre à la projection du film *Le Führer offre une ville aux juifs*.

Des artistes déjà célèbres avant leur déportation tels que Victor Ullmann, Pavel Haas, Gideon Klein et Hans Krása, composèrent de nombreuses pièces musicales dans le ghetto. Victor Ullmann y réalisa un opéra, *L'empereur d'Atlantide ou la mort abdique,* mais aussi une sonate pour piano, Gideon Klein y composa un trio pour violon et une sonate pour piano, Pavel Haas écrivit *quatre chansons pour basse et piano sur poème chinois* et une suite pour hautbois et piano.

Le passage au temps de l'Autre

L'œuvre la plus connue de Terezin fut l'opéra écrit en 1938 pour enfants et interprété par des enfants : *Brundibar (Le Bourdon),* œuvre d'Adolph Hoffmeister et du compositeur tchèque Hans Krása.

Cet opéra est un conte moral inspiré des contes de fées anciens. Il fut joué pour la première fois à Terezin le 23 septembre 1943. Les héros de l'opéra, Pepicek et Anicka, tentent de gagner quelques sous en chantant dans la rue, pour pouvoir acheter du lait et des médicaments pour leur maman malade. Mais ils se voient chassés de leur quartier par le méchant organiste Brundibar, qui a peur de cette jeune concurrence. Coup de chance, les enfants sont aidés par le Chien, le Chat et le Moineau, doués de parole. La Justice et le Bien l'emportent sur le Mal (ce dont les internés juifs de Terezin rêvaient jour et nuit...).

Cet opéra connaîtra 55 représentations dans le ghetto et sera utilisé dans le film de propagande nazie.

Né à Prague, Hans Krása avait étudié avec Zemlinsky puis avec Roussel à Paris. Pavel Haas, élève de Janacek, mêlait volontiers, quant à lui, une écriture mélodique imprégnée des chants moraves ou juifs à une conception rythmique influencée par le jazz et la musique moderne.

Ils rejoignirent à Terezin le compositeur et pianiste morave Gideon Klein, qui était devenu l'organisateur inlassable des activités artistiques que la direction du camp tolérait à des fins de propagande.

Le 16 octobre 1944, Hans Krása fut emmené avec Victor Ullmann, Pavel Haas et Gideon Klein vers Auschwitz où il périt dans une chambre à gaz.

Viktor Ullmann est un compositeur autrichien né le 1er janvier 1898 à Teschen, et mort le 17 octobre 1944 à Auschwitz. Il avait étudié la composition avec Schönberg à Vienne vers 1920. De retour à Prague, il fut nommé chef d'orchestre du Nouveau Théâtre Allemand, puis directeur de l'Opéra d'Aussig à partir de 1927. Il rencontra Alois Haba par le mouvement anthroposophique de Steiner, et suivit ses cours de composition en quart de ton au Conservatoire de Prague (1935-1937). Il vécut dans cette ville jusqu'à son arrestation

Le passage au temps de l'Autre

en 1942. Déporté à Terezin, puis à Auschwitz le 16 octobre 1944, il fut exécuté dès son arrivée. Son œuvre, publiée à compte d'auteur, comporte trois opéras : *Peer Gynt,* d'après Ibsen, *Der Sturz des Antichrists* (Albert Steffens), et *Der Kaiser von Atlantis, oder die Todt-Werweigerung* (1943) ; quelques pièces d'orchestre : *Cinq Variations sur un thème d'Arnold* Schönberg, *Concerto pour orchestre, Concerto pour piano, Ouverture Don Quixote ;* des pièces de chambre dont trois quatuors à cordes, octuor, diverses sonates dont une pour clarinette en quart de ton (instrument construit à la demande d'Haba pour le Conservatoire de Prague), et de plus nombreuses pièces vocales sur des poèmes de Rilke, Trakl, Steffens, Hölderlin, Wedekind... Viktor Ullmann composa de nombreuses œuvres à Terezin, dont une partie est parvenue jusqu'à nous. Il était dispensé de travail obligatoire et organisait des concerts, des animations dans le camp. Les musiciens internés jouaient ses œuvres. La musique permettait de survivre malgré tout, elle était le refus de la mort.

- Oui, la force de créer malgré tout... murmura Simon. Les nazis ont assassiné des millions de gens dans des conditions atroces, et avec eux leur musique, tous ces chants religieux ou folkloriques ashkénazes d'Ukraine, de Pologne, de Hongrie, de Roumanie...

Je ne savais que répondre à cette interrogation fondamentale sur le rôle de la musique dans la machine industrielle d'extermination nazie. Je poursuivis par conséquent mes explications encyclopédiques :

- *Der Kaiser von Atlantis* a été composé par Viktor Ullmann en 1943 à Theresienstadt où il était déporté. La dernière date figurant sur le manuscrit est le 13 janvier 1944. Il était prévu de présenter l'œuvre vers mars 1944. Elle avait été répétée à Theresienstadt, mais fut interdite avant sa création. On ignore les raisons de son interdiction.

Ullmann fut transporté le 16 octobre à Auschwitz où il fut exterminé probablement dès son arrivée avec de nombreux autres prisonniers. Il avait remis

Le passage au temps de l'Autre

peu auparavant ses manuscrits, dont celui de l'opéra, à un ami qui survécut.

« Les droits d'exécution sont réservés par le compositeur jusqu'à sa mort », donc pas longtemps, a écrit avec un humour ravageur Viktor Ullmann, le 22 août 1944.

Je repris mon souffle, puis continuai mon exposé pour l'homme de ma vie :
- Je sais aussi qu'une violoniste allemande, rescapée d'Auschwitz, a joué dans « l'orchestre » que dirigeait Alma Rosé, déportée dans le camp d'Auschwitz. Cette dernière était la fille d'Arnold Rosé, créateur du célèbre quatuor Rosé et la nièce de Gustav Mahler...

Alma Rosé est morte durant sa déportation en 1944. Elle a pu sauver quelques déportés qui jouaient (même très mal !) d'un instrument, en les incorporant à son orchestre... Cette « utilisation » des musiciens a pu en sauver quelques-uns... Mais oui, elle laisse aussi un goût ô combien amer, aux descendants des persécutés et à tous ceux, innombrables, que dégoûte définitivement la barbarie nazie, de l'utilisation de Mozart, Beethoven et bien d'autres musiciens, dans ces circonstances atroces.

ooo

Nous décidâmes ce soir-là d'aller jusqu'au bout de notre idée et de partir en voyage tous les deux sur les lieux où la musique avait été la complice involontaire de la barbarie nazie.

Grâce à mes parents, qui acceptèrent bien volontiers de garder notre fille pendant quelques jours, et à internet, qui nous permit en quelques clics de souris d'effectuer les réservations de trains et d'hôtels nécessaires à notre périple, notre projet fut rapidement mis au point et tout juste trois semaines plus tard, nous étions avec nos valises sur le quai de la gare Matabiau, à Toulouse.

En arrivant à Auschwitz, nous fûmes écrasés par l'horreur terrifiante des lieux, pourtant symboliquement connue par l'infâme photographie de l'entrée du camp surplombée de la pancarte cynique : « *Arbeit macht frei* ».

Lors de notre visite, nous ne savions que dire ou penser, perturbés par la violence sans nom qui hantait encore le camp d'extermination allemand. À la fin, Simon me posa simplement cette question :

- Tu crois que c'est aussi cela, la nature humaine ?

Que pouvais-je bien répondre à mon amoureux ? Que savais-je de la nature humaine ? Et à quoi appartenait cette barbarie nazie ? Moi, je n'étais qu'une simple musicienne, dépassée par ce que je voyais, incapable de réaliser comment la musique avait pu résonner dans les murs d'Auschwitz. Je restai donc silencieuse et me contentai de prendre Simon par la main.

À la bibliothèque d'Auschwitz, nous feuilletâmes des livres, des livres et encore des livres. Comme si les lettres avaient le devoir de reconstituer à l'infini cette mémoire humaine.

Dans le train qui nous conduisait vers Dachau, sur la ligne de chemin de fer qui avait peut-être servi aux convois de la mort dans lesquels les nazis avaient transporté leurs innombrables victimes à l'intérieur de voitures à bestiaux, Simon me demanda si je me souvenais lui avoir dit qu'un jour je le quitterai. Étonnée, je lui répondis :

- J'ai prétendu cela, moi ? Écoute, j'ai le droit de dire des bêtises. Ne t'inquiète pas, je t'aime pour la vie.

Puis nous nous tûmes, comme si notre conversation sentimentale nous paraissait indécente dans le contexte pesant de notre recherche commune des musiciens juifs assassinés.

Dans le ghetto de Varsovie, nous pensâmes au pianiste Wladyslaw Szpilman ; à Maïdanek, nous imaginâmes les deux camions munis de haut-parleurs qui diffusaient de façon assourdissante de la musique militaire et de la musique de danse, pendant l'exécution à la mitrailleuse de dix-sept mille femmes et hommes. À Terezin, nous nous souvînmes du pianiste et chef d'orchestre tchécoslovaque Raphaël Schächter qui réussit, en dix-huit mois d'efforts désespérés, à répéter et à faire jouer le *Requiem* de Verdi ; de l'actrice Anna Letenská, assassinée à Mauthausen après avoir été déportée dans le camp tchèque réservé aux artistes. Partout, à Auschwitz-Birkenau, Terezin, Dachau, Buchenwald,

Le passage au temps de l'Autre

Mauthausen, nous entendîmes le Tango Plegaria de l'Argentin Eduardo Bianco ; le Tango interprété devant Hitler en 1939 et qui fut choisi par les nazis pour accompagner les Juifs dans leur dernière marche vers la mort, car cette musique n'encourageait pas à l'esprit de résistance. À Berlin, nous écoutâmes des disques de chants yiddish, qui avaient transmis la mémoire d'une vie culturelle juive libre malgré la « *Kulturbund* », l'organisation juive contrôlée par les nazis et par laquelle passait obligatoirement toute activité artistique.

À Bergen-Belsen, le camp de concentration où moururent 70 000 personnes, dont Anne Frank et sa grande sœur Margot, Simon eut un malaise. Lui que je croyais indestructible devint tout d'un coup livide et dut s'asseoir sur un banc. Je m'installai à ses côtés et lui pris la main. Au bout de quelques instants, il me dit :

- J'en ai assez ! Que sommes-nous en train de faire ?

Il sortit de son portefeuille un papier qu'il me montra :

Le passage au temps de l'Autre

- Regarde, c'est la liste de tous les camps en Europe. Transit, ghetto ; camp de torture et camp de travail ; camp de travail forcé ; camp de meurtre de masse ; camp de rééducation ; camp de détention préventive ; prison de la Gestapo ; camp d'internement ; camp de regroupement ; camp de concentration et bien entendu, hélas, camp d'extermination... C'est vraiment insupportable. Quelle idée avons-nous eu ?

- Ne regrette pas notre voyage, Simon, lui répondis-je d'une voix douce, il fallait le faire, ne serait-ce que pour la mémoire de la multitude d'êtres humains assassinés par la barbarie nazie. Mais si tu veux, maintenant, nous allons rentrer en France.

Ce que nous fîmes, car je comprenais que Simon ressentait profondément et douloureusement la violence de ce périple quasiment initiatique. Finalement, par ce voyage mémoriel en Europe, Simon et moi avions vécu un passage, de la vision de la mort à la recherche des musiciens dans la nuit ; nous avons dépassé le sentiment légitime de vengeance devant l'horreur indicible mise en place par les bourreaux et notre amour a eu la force de produire ce modeste témoignage, ce petit livre qui sans prétention rend la parole aux artistes humiliés puis assassinés. Nous avions véritablement vécu le passage au temps de l'Autre.

Nous avons aussi essayé, en vain, de comprendre les ressorts de l'incompréhensible haine, nous n'avons entendu que des cris de souffrance qui se prolongent dans le temps d'aujourd'hui et de demain, et dont subsistent encore quelques traces d'harmonie indélébiles, qui ont existé au nom de l'une des plus grandes disciplines artistiques, la musique... La musique, qui élève tant l'être humain, a-t-elle servi de bouclier dérisoire à des victimes trahies jusque dans la pratique sincère et désintéressée de leur art ? En fait, je pense que c'est beaucoup plus que cela : il faut retenir de ce voyage dans le décor de l'horreur cette dimension humaine des artistes juifs, cette force créative qui se déploie dans les lieux inventés pour les détruire.

Le passage au temps de l'Autre

Au cours de nos pérégrinations, Simon m'avait cité le philosophe et musicologue Vladimir Jankélévitch, qui avait eu cette phrase : « Les nazis ne sont des hommes que par hasard ». Dès le mois de janvier 1940, Jankélévitch était entré dans la clandestinité à Toulouse où il passa les années de guerre. Il avait été révoqué le 18 juillet 1940 au motif qu'il n'avait pas la nationalité française « à titre originaire », puis fut destitué une seconde fois en vertu du sinistre « statut des juifs » de décembre 1940. Jankélévitch s'engagea dans la Résistance. Sa sœur Ida épousa le poète Jean Cassou. Durant l'occupation, Jankélévitch réussit à faire venir toute sa famille à Toulouse, ville où Jean Cassou devint commissaire de la République en juin 1944. Pendant les années noires de l'occupation allemande, Vladimir Jankélévitch fut aidé par le recteur de l'Institut catholique de Toulouse, Monseigneur Bruno de Solages, ainsi que par des Francs-Maçons, notamment la famille d'Henri Caillavet. Philosophe engagé, Vladimir Jankélévitch est connu entre autres pour avoir porté un regard neuf

Le passage au temps de l'Autre

sur la musique des XIXe et XXe siècles. Dans son livre *La Musique et l'ineffable*, il écrivit cet éloge : « La musique n'est pas seulement une ruse captivante et captieuse pour subjuguer sans violence, pour capturer en captivant, elle est encore une douceur qui adoucit : douce elle-même, elle rend plus doux ceux qui l'écoutent, car en chacun de nous elle pacifie les monstres de l'instinct et apprivoise les fauves de la passion. »

À un moment, dans le train qui nous ramenait vers la France, Simon posa délicatement sa tête contre ma poitrine, comme un enfant qui a besoin d'être consolé. Oui, caresse et consolation.

Comme conclusion synthétique de notre voyage au bout de la nuit européenne, Simon m'avait évoqué un soir Thanatos et Agapè. Thanatos, dans la mythologie grecque, est la personnification de la Mort. Comme le rappelle l'écrivaine Monique Lise Cohen dans son livre « Récit des jours... », les Grecs ont été les ennemis des Juifs et ils ont voulu anéantir le Judaïsme ; la fête de « *Hanoukka* » célèbre la victoire de la petite lumière juive (celle qui est masquée par l'ombre) contre le plein soleil (sans ombre), la « *theoria* » grecque, la sagesse considérée comme le lieu de la « ruse ».

Ce mot « Thanatos » a connu un certain succès ; on le retrouve par exemple en psychanalyse, Sigmund Freud nommant « Thanatos » la pulsion de mort qui, selon lui, habite chaque être humain et qu'il oppose à la pulsion de vie, « Éros ». Quelle est cette relation entre Thanatos et Éros ? Symboliquement, Thanatos représente le désir de donner la mort ou de provoquer le mépris, ce qui fait partie de la nature humaine, alors que l'éducation de l'enfant conduit l'être humain à davantage de mesure dans ses comportements avec autrui, que ce soit en bien ou en mal. L'homme veut détruire pour détruire, contrairement à l'animal. La mort selon Heidegger, c'est-à-dire le néant – qui n'est pas une définition universelle – la mort qui est une réalité incontournable à laquelle nous devons penser pour l'accepter ; la mort/néant, théorie de Heidegger, fort différent de la pensée d'Emmanuel Lévinas, qui propose une autre vision philosophique

Le passage au temps de l'Autre

de l'être humain. La vie de l'homme nous renvoie vers notre perception du temps, son passé formalisé et son avenir – ce qui peut avoir un sens positif, c'est en tout cas ce que disait Bergson –.

Quant à Éros, je savais bien ce que c'était : tout simplement, Simon et moi.

Simon m'avait également parlé de l'Agapè : l'ambition, le combat, l'idéal humaniste, est de répandre sur terre un sentiment qui devrait être universellement partagé de paix et d'amour, d'essayer d'amener les êtres humains à la sérénité dans leurs rapports qui devraient être fondés sur la compréhension, le respect, la tolérance ; en somme à communiquer dans l'amour de l'autre et non dans la défiance et le conflit. Bien sûr, ce combat peut paraître impossible et perdu d'avance ; mais peut-être s'agit-il d'une utopie positive, d'un chantier perpétuellement en cours de construction et d'amélioration ? Doit-on mourir pour transmettre véritablement ? Pouvons-nous dire comme Nietzsche que comme la vie, l'amour n'est qu'un entracte entre deux néants ? Simon pensait que non, lui me parlait *d'éternité*.

Quel est le sens de la vie ? Apprendre à mourir ou aimer ? Simon n'était plus là pour en parler avec moi. Ses mots me manquaient. J'aimais les caresses de Simon, ses mains sur mon corps, son sexe dans mon ventre. Il me manquait. Après avoir fait l'amour, la tête posée sur nos oreillers respectifs, nous nous regardions et nous nous mettions toujours à rire, heureux d'être ensemble.

ooo

Je ne sais pas si Simon trouvait important que je fleurisse régulièrement sa tombe lectouroise. Pour ma part, je ne pouvais pas agir autrement. Il pensait certainement, s'il était encore en mesure de le faire, que c'était dérisoire mais il avait toujours respecté mes décisions et mes envies ; et sa tendresse compréhensive envers moi n'avait pas de limites.

Le passage au temps de l'Autre

Du cimetière, je revins vers le centre de la ville de Lectoure. En passant devant la cathédrale, j'aperçus un homme, ressemblant étrangement à Simon, qui marcha à ma rencontre. Arrivé à ma hauteur, il m'adressa poliment la parole :

- Bonjour Madame ; je m'appelle Pierre. Vous ne me connaissez pas. J'ai lu le livre que vous avez écrit avec Simon, qui était en fac avec moi à Toulouse. Si cela ne vous dérange pas, j'aimerais en parler un peu avec vous.
- Vous savez, lui répondis-je avec la même courtoisie, tout est dit dans notre ouvrage. Et maintenant, Simon est mort.
- Je comprends que cela puisse paraître pénible à vos yeux, insista-t-il ; mais j'ai quelque chose d'important, même d'essentiel, à vous dire, et qui ne figure pas dans ce livre.

- Je vous écoute, Monsieur, mais faites vite. Et j'espère que vous n'allez pas ajouter des larmes à cette histoire cruelle.
- Non, au contraire, rassurez-vous. Ce que j'ai à vous dire tient en peu de mots : saviez-

vous que Simon est le petit-fils d'un célèbre pianiste juif décédé à Auschwitz ?

- Je... J'ignorais ce fait.

- Je ne suis pas étonné de cette discrétion. Simon pensait que chacun devait bâtir sa propre histoire tout en gardant la mémoire du passé. Mais par amitié pour lui, j'estime que la femme qu'il a le plus aimée, la mère de son enfant, devait connaître la vérité de la quête que vous avez partagée. Je vous salue respectueusement, Madame.

Puis Pierre s'éloigna comme il était venu.

Me laissant à jamais entre les mains cette clef musicale de mon histoire d'amour avec Simon, cet homme non musicien mais qui était si épris de sa flûtiste lectouroise.

ooo

Sources et bibliographie :

- Primo Levi, *Si c'est un homme,* Paris, Julliard, 1987 (éd. or. 1947).
- Raul Hilberg, *La Destruction des Juifs d'Europe (3 volumes)*, Gallimard, coll. « Folio-histoire », 2006.
- Joza Karas, *La Musique à Terezin : 1941-1945,* Gallimard, 1993.
- Josef Bor et Raymond Datheil, *Le Requiem de Terezin,* Le Livre de Poche Biblio, LGF, mars 2008.
- Amaury Du Closel, *Entartete Musik : Les voix étouffées du IIIe Reich,* Actes Sud, janvier 2005.
- Adelin Guyot et Patrick Restellini, *L'art nazi*. Préface de Léon Poliakov. Complexe 1983.
- musiqueclassique. forumpro.fr
- Rachel Ertel, *Dans la langue de personne. Poésie yiddish de l'anéantissement.*
- P. Desbons, *La Shoah par balles.*
- Élias Levy, *Le Tango dans les camps de la mort nazis,* 7 avril 2010, www.juif.org.

- Gil Pressnitzer, *Le chant de Terezín - Un opéra aux portes de la mort : L'empereur d'Atlantis*
(Texte publié sur le site : www.espritsnomades.com)
- *Encyclopaedia Universalis*
- fr.wikipedia.org
- www.musicaconcentrationaria.org
- Simon Laks, *Mélodies d'Auschwitz,* Toledot-Judaïsmes, préface de Pierre Vidal-Naquet, les Editions du Cerf, Paris, 1991.
- Wladyslaw Szpilman, *Le pianiste, L'extraordinaire destin d'un musicien juif dans le ghetto de Varsovie, 1939-1945*, Robert Laffont, 2001.
- Rudolf Vrba & Alan Bestic, *Je me suis évadé d'Auschwitz*, Documents, Ramsay, 1988.
- Élise Petit, *Musique, religion, résistance à Theresienstadt,* www.musicologie.org.
- www.musiques-interdites.eu : Festival pour la réhabilitation des compositeurs et œuvres annihilés par les dictatures et les totalitarismes (Opéra de Marseille).

- Alain Lompech, *Terezin chantait : Comment les nazis ont fait croire qu'un camp de concentration de Tchécoslovaquie était une cité heureuse,* journal *Le Monde,* 15 novembre 1993.
- Michel Liebermann, *Anthologie du souvenir,* préface d'Élie Wiesel, une réalisation de la Loge Louis Kahn à Marseille, B'NAI B'RITH, Editions Jasyber, 1992, pp. 41-44.
- Hélène Bortoli, *La musique sous le troisième Reich,* INSA de Lyon, 1997-1998.
- Hélène Bortoli, *Music in extermination camps,* IENAC.
- Anne Sofie Von Otter, « Terezin – Theresienstadt », album CD, Deutsche Grammophon, 27 août 2007.

Éditeur :
Books on Demand GmbH,
12/14 rond-point des Champs Élysées,
75008 Paris, France
Impression :
Books on Demand GmbH, Norderstedt,
Allemagne
Dépôt légal : octobre 2011
www.bod.fr
ISBN 978-2-8106-2265-8

pierreleoutre.com